목차

2	아프리카로
2	리빙스턴 박사를 만나다
4	1871년 니앙그웨 대학살
4	리빙스턴이 탐험하기 전의 아프리카
8	정글에서 길을 잃다
8	열대병
9	"혹시, 리빙스턴 박사님 아니세요?"
12	리빙스턴의 초기 탐험
16	리빙스턴의 가족
17	이상한 병
20	천둥 치는 물안개
22	놀 시간은 없다
26	드디어 선교사가 되다
28	계속 앞으로
28	신비의 강 나일
34	고향으로의 마지막 여행
36	마침내 성공하다
36	리빙스턴이 탐험한 후의 아프리카
40	리빙스턴 생애의 주요 사건
41	리빙스턴이 개척한 아프리카

아프리카로

우리는 지금 여행을 떠나려고 합니다. 이제껏 한 번도 가본 적이 없는 길고 힘든 여행이 될지도 모릅니다. 자, 짐을 챙겨봅시다. 등산화, 벌레 물린 데 바르는 약, 자외선 차단 크림도 가져가야 합니다. 아프리카로 갈 거니까요.

자, 이제 비행기를 타고 사하라 사막을 건너 적도 부근을 지나 계속 남쪽으로 내려갑니다. 산을 넘고 에드워드 호를 건너가니 끝이 보이지 않는 푸른 호수, 탕가니카 호가 눈 앞에 나타납니다.

왼쪽을 보세요! 저 멀리 동쪽 해변가에 우지지 마을이 보일 것입니다. 그리고 좀더 가면 부룬디와 탄자니아의 깊은 정글이 나타납니다.

서쪽으로는 자이레라는 나라가 있습니다. 가는 동안 얼룩말과 영양 떼도 보이고, 한가로이 걸어가는 기린과 코끼리 떼도 보입니다. 드디어 비행기는 휘청거리는 수풀 더미를 스치고 쿵하고 땅에 내리더니, 좁은 활주로를 굴러가다 멈춰섰습니다. 비행기 문을 열고 한 발짝 내밀자 마치 커다란 헤어 드라이어에서 부는 것 같은 뜨거운 바람이 우리를 환영합니다.

리빙스턴 박사를 만나다

숨막힐 듯 뜨겁고 눈부신 여름날 오후였습니다. 동쪽에서 십여 명의 사람들이 황금빛 수풀을 헤치며 느릿느릿 걸어오고 있는 것이 보이는군요. 아프리카인들은 아랫도리만 겨우 가리는 옷

을 입고, 머리에는 무거운 짐들을 이고 있습니다. 등에서 흘러내리는 땀방울은 햇빛에 반짝이구요. 맨 앞에는 키가 큰 백인이 절뚝거리며 오고 있습니다. 주름진 이마에, 갈색 머리는 회색빛으로 물들었습니다. 수염도 백발이 성성하군요.

힘들고 지쳐보이는데도 짐꾼들에게 좀더 빨리 가자고 재촉합니다. 드디어 지팡이로 커다란 므불라 나무 아래 풀밭을 가리키자 사람들은 그 부드러운 풀밭에 짐을 내려놓습니다.

그 백인은 여행 가방에서 공책과 잉크, 펜을 꺼내들고 자리에 앉아 한숨을 내쉽니다. 그리고 이렇게 써내려가기 시작합니다. "정말 어려운 일이 많은 길이었다. 하나님이 정말 나와 함께 계시는지 의심스럽다…" 그는 공책을 내려놓고 낡은 성경을 꺼내 펼쳤습니다. "하늘과 땅의 모든 권세를 내게 주셨으니 그러므로 너희는 가서 모든 족속으로… 내가 너희에게 분부한 모든 것을 가르쳐… 볼지어다 내가 세상 끝날까지 너희와 항상 함께 있으리라 하시니라."

이 사람이 바로 스코틀랜드의 선교사이자 의사, 탐험가인 데이빗 리빙스턴입니다. 지금 그는 아프리카 탐험을 거의 끝마쳤습니다. 이제 그의 일기를 살짝 들여다보며 그가 걸어온 발자취를 다시 따라가보도록 합시다. 그러면 왜 데이빗 리빙스턴을 19세기의 가장 위대한 탐험가라고 부르는지 알 수 있게 될 것입니다.

1871년 니앙그웨 대학살

다음 날 아침 데이빗 리빙스턴이 이끄는 아프리카 탐험대는 루알라바 강가에 있는 니앙그웨라는 마을에 도착했습니다. 그 날따라 장이 서는 날이라 화려한 색깔의 옷을 입은 여인들이 생선, 고구마, 옥수수 등을 담은 바구니를 진열해 놓고 있습니다. 리빙스턴 박사와 대원들은 강을 따라 북쪽으로 계속 이동하기 전에 식량을 준비하기로 했습니다.

사람들이 와글거리는 시장 거리를 보니 리빙스턴은 기운이 났습니다. 몇 가지나 되는 열대병

리빙스턴이 탐험하기 전의 아프리카

1841년 리빙스턴이 남 아프리카에 도착했을 때, '검은 대륙'의 지도는 오늘날의 것과 달랐다. 다만 해안선만은 포르투칼 탐험가들이 350년 전에 그려놓은 것이 정확해 지금과 같았을 뿐이다. 바르톨로뮤 디아스가 서쪽 해변을 항해하다 희망봉에 닿았고(1488), 10년 후 바스코 다 가마는 희망봉에서 동쪽 해안을 따라 항해해 부유한 아랍 무역 항구들을 발견했다. 후에 이 곳은 노예 보급 기지가 되었다. 리빙스턴이 태어날 때까지 대략 십만 명이 넘는 아프리카 노예들이 해마다 아랍과 아메리카, 브라질로 수출되었다.

1800년대 지도에 해안 지역과 아프리카의 4대 강인 나일 강, 나이저 강, 콩고 강, 잠베시 강의 하류는 그려져 있었지만, 그보다 훨씬 많은 지역이 '가보지 않은 땅'으로 표시되어 있었다. 유럽인들은 아프리카 내륙 지방에 커다란 사막이 있을 거라고 생각했다.

보어인이라고 불리는 아프

이 지도는 1841년 리빙스턴이 중앙 아프리카에 도착할 당시의 모습을 보여준다.

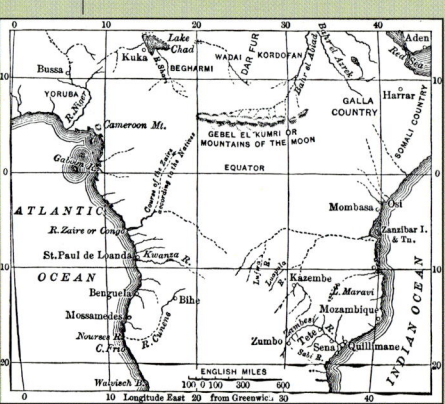

으로 고생하고 있는 몸이었지만 말이에요. 4년 전, 그는 세상에서 가장 긴 강인 나일 강은 어디에서 시작될까 하는 오래된 수수께끼를 풀어보려고 탐험을 시작했답니다. 수천 년 동안 많은 탐험가들이 나일 강의 근원을 찾으려고 했지만 아무도 발견한 사람이 없었습니다. 아프리카 내륙 지방은 도로도, 길도 없고, 사람이 지나다닐 수 없는 깊은 정글이었기 때문에 아무도 가보지 못했기 때문이지요. 그 곳을 지나갈 수 있는 방법은 배를 타고 강을 거슬러 올라가는 것뿐이었습니다.

리빙스턴이 나일 강의 근원을 찾아 북쪽에 있는 빅토리아 호수까지 갈 수 있다면, 검은 대륙은 그 깊은 속까지 유럽의 무역상과 식민지 회사들 그리고 무엇보다도 선교사들에게 활짝 열리게 됩니다. 그러면 예수님에 대해 한 번도 들어본 적이 없는 수백만 명의 아프리카인들에게 복음의 기쁜 소식을 전할 수 있게 되지요!

니앙그웨를 떠나 루알라바 강 북쪽으로 여행을 하는 동안에는 더 이상 먹을 것을 살 수 있는 곳이 없습니다. 리빙스턴은 시장 여인들에게 음식을 사면서 느낌이 좋았습니다. 루알라바 강을 따라가면 확실히 나일 강의 근원에 도착할 수 있을 것 같았거든요. 몇 주 후면 지도에 나일 강 상류가 어디인지 그려넣을 수 있을지도 모릅니다!

그런데 그 계획을 완전히 바꾸어버리는 사건이 생겼습니다.

갑자기 한 아프리카인이 숲속에서 달려오면서 뒤에 있는 나무들 사이로 솟아오르는 검은 연기를 가리키며 소리치는 것이었습니다.

"노예 사냥꾼이 나타났다! 우리 마을이 불에 타고 있다!"

때마침 뒤를 돌아본 리빙스턴의 눈에는 흰 옷을 입은 아랍인들이 우루루 시장으로 몰려오는 것이 보였습니다. 그러더니 멈춰 서서 사람들에게 마구 총을 쏘았습니다. 어린아이들이 소리 지르며 도망가고, 바구니와 양동이들이 여기저기에서 뒤집어졌습니다. 채소와 과일도 흙바닥

리카에 사는 네덜란드인들이 남아프리카에 식민지를 세웠고, 후에 영국인들이 이를 넘겨받아 농장에서 노예 제도를 폐지하고 운영했다. 하지만 그 때까지도 그 식민지 끝에 있는 칼라하리 사막 너머 북쪽으로 가본 유럽인은 아무도 없었다.

결국 1849년, 데이빗 리빙스턴 박사가 최초로 사막을 건너 아무도 가본 적이 없는 중앙 아프리카에 발을 내디뎠다.

그는 중앙 아프리카에 대해 이렇게 이야기했다. "아프리카는 맨 위 칸과 맨 아래 칸 서랍은 활짝 열리지만 가운데 서랍은 꽉 잠겨 있는 장롱과 같다."

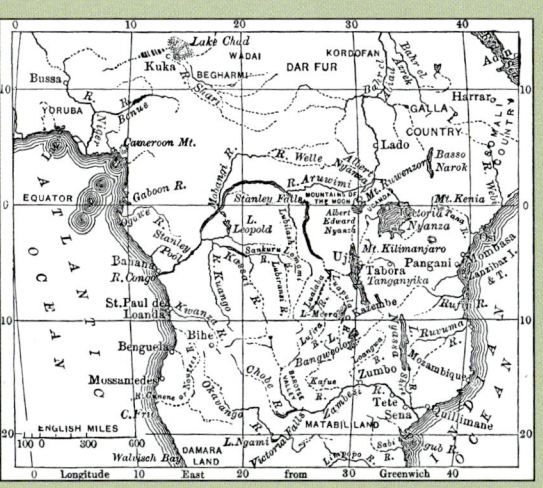

리빙스턴이 죽은 직후의 중앙 아프리카

에 마구 흩어져 나뒹굴고 있습니다. 어떤 사람들은 강으로 달려가 짐을 실은 카누 위로 뛰어들기도 했습니다. 하지만 그들 대부분은 도망가려고 미친 듯이 노를 저으며 허우적거리다 아랍인들이 쏜 총에 등을 맞고 말았습니다. 카누도 뒤집어지고 사람들은 물살에 떠내려갔습니다. 결국 그들의 모습은 하나 둘 물 속으로 가라앉아 보이지 않게 되었습니다. 다치지 않고 살아남은 사람들은 아랍인들에게 꼼짝없이 잡혀 우지지 마을에 있는 노예 농장으로 끌려갔습니다.

리빙스턴은 너무 놀랐습니다. 사방에 다친 아이들이 쓰러져 있고 강에서는 사람들의 비명 소리가 들렸습니다. 삼백 명도 넘는 사람이 죽었습니다.

그 날 하루 종일 리빙스천은 니앙그웨 주변에서 마을을 불태우는 검은 연기가 피어오르는 것을 헤아려보았습니다. 자그마치 열일곱 개였습니다. 그는 일기에 이렇게 적었습니다. "지옥에 있는 것 같다. 마음이 아프다! 이 곳은 가장 악독한 사냥꾼들의 소굴이다!"

리빙스턴과 탐험대는 그 곳까지 오는 길에 부족 간에 싸움이 일어난 것을 본 적이 있었지만, 이렇게 여자들과 아이들을 참혹하게 공격하는 것은 한 번도 본 적이 없었습니다. 노예 상인들은 약탈자들이며 살인자들이었습니다

정글에서 길을 잃다

그 날 밤 리빙스턴은 잠이 오지 않았습니다. 아프리카인 하인, 수시를 불렀습니다. "내일, 우리는 루알라바 강 북쪽으로 떠날 예정이네. 길고 힘든 여행이 될텐데, 수시, 자네 생각은 어떤가? 괜찮을까?"

"힘들 것 같습니다, 브와나. 많은 대원들이 달아났습니다. 브와나도 편찮으신데, 약을 운반하던 대원도 숲속에서 도망쳐 약도 없지 않습니까? 별로 좋지 않습니다, 브와나."

리빙스턴은 고개를 저었습니다. "내가 걱정하는 것은 이젠 아랍인들을 믿을 수 없다는 걸세. 지금까지 노예 상인들은 나에게 잘해줬어. 길을 가다 나쁜 종족을 만나면 그들이 도와주었지. 하지만 오늘 시장에서 있었던 일을 생각보니 더 이상 그들의 도움을 받고 싶지 않아! 다시 우지지 마을로 돌아가야 하지 않을까 생각중인데."

"우지지까지는 얼마나 멀지요?"
"800킬로미터 정도 된다네."
"우지지에 가면 새 대원과 약품을 구할 수 있을 겁니다. 그 곳에 도착할 때쯤이면 제가 주문한 물품들이 분명히 해안에서 도착해 있을 겁니다."

다음 날 아침 일찍 리빙스턴과 인원이 줄어든 탐험대는 오던 길로 다시 떠났습니다. 수시는 한 발짝 걸을 때마다 고통으로 일그러지는 리빙스턴의 얼굴을 보았습니다.

"좀 쉬었다 가세요."

수시는 리빙스턴을 부축하여 나무에 기대게 하고 신발을 벗겨 발에 난 큰 상처를 씻겨주었습니다.

우지지 마을로 돌아가는 길은 3개월도 더 걸렸습니다. 그 동안 리빙스턴은 곪아들어가는 발과 고열을 동반한 폐렴 때문에 점점 몸이 약해졌습니다. 드디어 탐험대는 목적지에 도착했습니다. 그렇지만 아, 이럴 수가! 기대했던 약과 물품은 도둑을 맞아 없었습니다.

결국 리빙스턴은 또 기다리는 수밖에 없었습니다.

열대병

리빙스턴은 의사였기 때문에 죽어가는 많은 아프리카인들을 고쳐주고 그들의 존경과 보호를 받았다. 또 열대병을 앓고 있던 자신의 병도 고쳤는데, 32년 동안 아프리카에 살면서 말라리아(모기 기생충에 전염되어 고열이 나는 치명적인 병), 이질(몸에서 수분이 많이 빠져나가 장에 위험을 가져오는 병), 욕창(죽지 않으면 영원히 불구가 되는 발에 생기는 고통스런 상처), 폐렴(전염성 폐병) 등을 앓았다.

리빙스턴이 살아날 수 있게 도와준 약품은 키니네와 칼로멜이었다. 이 사진은 1872년 스탠리가 가져갔던 약품과 기구들로, 리빙스턴의 충실한 하인이었던 수시와 추마가 리빙스턴이 죽고 난 후 영국에 돌려준 것들이다.

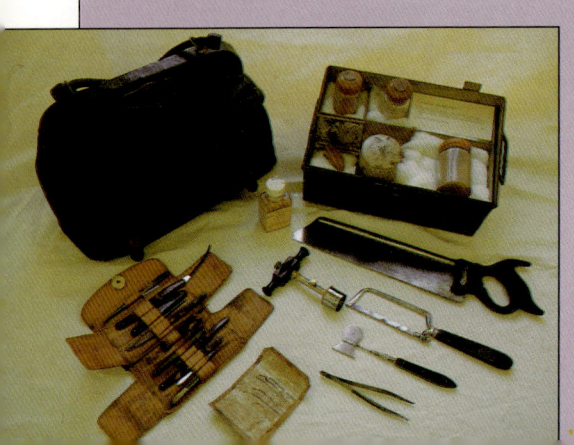

리빙스턴 박사가 썼던 의료 기구

"혹시, 리빙스턴 박사님 아니세요?"

하지만 기적이 일어났습니다. 192명의 아프리카인들을 거느린 대규모 탐험대가 우지지 마을을 향해 오고 있었던 것입니다. 그 탐험대는 약, 음식, 솥, 옷, 담요, 천막에 목욕통까지 자그마치 6톤이 넘는 물품을 가지고 오는중이었어요! 맨 앞에 선 사람은 미국 국기를 들고 있었는데, 그 옆에 키가 큰 백인이 터벅터벅 걸어오고 있었습니다. 그 당시 세계에서 가장 선풍적인 인기를 누리고 있던 신문, 뉴욕 헤럴드의 젊은 기자 헨리 모턴 스탠리였습니다.

스탠리는 상사에게 이런 이야기를 들었습니다. "리빙스턴 박사가 죽었다는 소문이 있더군. 지난 몇 년 동안 그 유명한 탐험가에게서 소식을 들은 사람이 아무도 없대. 그를 찾아낸다면, 특종이 될 걸?"

그 이야기를 들은 스탠리는 곧바로 우지지 마을로 떠났습니다. "최근 이 곳에서 백인을 보았다"는 소문을 들었기 때문입니다. 과연 리빙스턴 박사가 맞을까요?

정오쯤 탕가니카 호가 눈에 들어오자 스탠리와 대원들은 그들의 도착을 알리는 총포를 울리며 우지지 마을로 들어섰습니다.

리빙스턴은 짚으로 만든 오두막에 누워 아픔을 달래주는 유일한 약인 성경을 읽다가 총성을 들었습니다.

그 때 수시가 뛰어들어왔습니다. "브와나, 웬 탐험대가 사람들을 잔뜩 데리고 산을 내려오고 있습니다!"

리빙스턴도 비틀거리며 햇빛이 쏟아지는 밖으로 나갔습니다. 온 마을이 웅성거리고 있었어요. 그가 붙들고 선 나뭇가지 사이로 자루와 상자를 잔뜩 인 대원들과 말들의 끝없는 행렬이 눈에 들어왔습니다. 분명히 상인들의 대열은 아니었습니다.

잠시 후, 햇빛을 가리는 모자를 쓰고 하얀 정글 탐험 복장을 한 키 큰 젊은이가 곧장 그 앞으로 다가오더니 모자를 벗고 물었습니다.

"혹시, 리빙스턴 박사님 아니십니까?"

리빙스턴은 미소를 띠며 그의 손을 잡았습니다.

"우지지 마을에 온 것을 환영합니다!"

"세상에, 맞군요! 수천 마일을 고생하며 와서, 드디어 이렇게 찾아냈군요!"

"찾았다구요? 제가 길을 잃은 줄 아셨나요?"

리빙스턴이 멋쩍어하며 되물었습니다.

스탠리가 자신을 찾아줘 매우 기뻐하던 리빙

스턴은 그가 가지고 온 엄청나게 많은 물품을 보고 또 놀랐습니다. 리빙스턴은 이렇게 생각했어요. "정말 기적이 일어났군. 하나님께서 은혜를 베풀어 이 선한 사마리아인을 나에게 보내주셨어."

리빙스턴은 스탠리와 유쾌하게 이야기를 나누며 그가 가져온 과자와 젤리, 네덜란드 치즈, 훈제 청어 등을 먹었습니다. 스탠리는 1869년 수에즈 운하가 개통되었고, 미국에서는 그랜트 장군이 새 대통령으로 선출되었으며, 아일랜드와 뉴펀들랜드 사이 대서양에 전신줄이 깔린 이야기 등 세상 소식을 들려주었습니다.

스탠리는 그 탐험가에 관한 기사를 쓰기 위해 수천 가지도 넘는 질문을 퍼부었습니다. 하지만 리빙스턴은 온 세상 신문에 흥미 있는 이야기를 팔아넘기고 돈을 벌려는 데만 관심 있는 스탠리를 보면서 미소를 지으며 이렇게 생각했습니다.

"만일 그렇다면, 그가 온 건 정말 잘된 일이군. 나 혼자서는 할 수 없는 일들을 많이 도와줄 수 있겠는 걸."

다음 달, 두 사람은 탕가니카 호 북쪽 끝을 함께 탐험했습니다. 리빙스턴은 스탠리에게 남아프리카에 있는 케이프타운에서 칼라하리 사막을 건너 서쪽에 있는 대서양과 동쪽에 있는 잠베시 강 어귀까지 탐험한 이야기를 들려주었습니다. 그리고 '천둥 치는 물안개' 라고 불리는, 거대한 빅토리아 폭포를 처음 발견했을 때의 느낌도 이야기해주었어요. 한번은 사자가 달려들어 왼쪽 어깨를 덥석 물고는 마치 고양이가 생쥐를 물고 흔들 듯이 그를 땅바닥에 내동댕이쳤던 끔찍한 이야기도 들려주었고, 취보크족을 정면으로 마주보고 무서워하지 않는다는 것을 똑똑히 보여주지 않았더라면 탐험대 전원이 화살에 맞아 죽을 뻔했다는 이야기도 들려주었습니다.

어느 날 저녁 두 사람은 모닥불을 피워놓고 앉았습니다. 옆에 있는 망고 나무에서 재잘거리는 원숭이 소리 외에는 아무것도 들리지 않고 아

리빙스턴의 초기 탐험

칼라하리 사막 끝에 서 있는 리빙스턴의 가족

런던선교회는 케이프타운에서 북쪽으로 1,100킬로미터 떨어진 쿠루만 선교 센터에서 일하고 있는 로버트 모펫 선교사를 돕기 위해 데이빗 리빙스턴을 보내기로 결정했다. 1841년, 리빙스턴은 그 곳에 도착하자마자 아무도 가보지 못한 '천둥 치는 물안개' 쪽으로 갔다. 2년 후에는 쿠루만 북동쪽 400킬로미터 지점에 마봇사 선교 센터를 세웠고, 마봇사에서 65킬로미터 더 북쪽에 있는 콜로벵에 그 다음 선교 센터를 세웠다. 거기서 리빙스턴은 바크웨나족 추장 세켈레를 전도했다.

1849년, 리빙스턴은 칼라하리 사

막을 지나 북쪽에 있는 느가미 호수를 발견했다. 여기서 원주민들에게 북쪽은 '강이 많은 땅'이라는 얘기를 들은 리빙스턴은 선교 센터를 세우는 것보다 중앙 아프리카를 흐르는 강줄기를 모두 찾아 지도를 완성시켜야겠다고 마음먹었다.

그 다음 여행에서 리빙스턴은 길이가 1,609킬로미터, 폭이 1.2킬로미터나 되는 거대한 잠베시 강의 상류를 찾아냈다. 이곳 저곳으로 강줄기를 따라다니면서 계속 북서쪽으로 탐험한 끝에 대서양 연안에 있는 루안다에 이르렀고 다시 중앙 아프리카를 가로질러 인도양 연안에 있는 켈리만까지 갔다. 자그마치 20개월 동안 아무도 가본 적이 없는 사바나와 정글을 6,436킬로미터나 탐험한 것이었다. 리빙스턴은 중앙 아프리카에 발을 디딘 최초의 유럽인이었으며 그 업적으로 영국으로 돌아간 후 국제 지리학회에서 영웅으로 환영받았다.

하지만 리빙스턴은 만족하지 않았다. 잠베시 강에 증기선을 타고 갈 수 있다는 것을 증명하고 싶었다. 그래서 1858년 영국 과학자들과 함께 케브라바사 급류까지 강을 거슬러 올라갔다. 하지만 급류 때문에 증기선은 더 나아가지 못하고 멈춰야 했다.

그 다음, 나일 강으로 눈을 돌렸다. 그리고 나일 강 상류를 찾아 떠난 탐험은 아프리카 내륙 지방으로 들어가는 물길을 찾는 그의 마지막 탐험이 되고 말았다. 중간에 세상을 떠났기 때문이다.

리빙스턴이 죽은 지 4년 후, 결국 헨리 스탠리가 빅토리아 호수에서 2,400미터나 더 높은 산에서 나일 강의 근원을 찾았다. 하지만 그 때는 이미 도로와 철길이 놓여지던 시대라 강을 타고 중앙 아프리카로 간다는 생각은 시대에 뒤떨어진 것이 되고 말았다.

잠베시 강을 거슬러 올라가는 리빙스턴의 증기선 '마로버트' 호

주 조용했습니다.

"리빙스턴 박사님, 당신은 제가 만난 다른 선교사들과는 다른 것 같습니다. 선교사가 맞나요, 아니면 탐험가이신가요?"

"둘 다죠. 선교사들도 모험적이어야 합니다. 솔직히 말해서, 고국에 있는 선교 센터에서는 제가 별로 성공적인 선교사가 못 된다고 생각할 겁니다. 여기 온 지 30년이 지났는데도 고작 한 명밖에 전도를 못 했거든요. 또 그 한 사람조차 제대로 된 그리스도인이 못 되었으니까요."

"왜요?"

"내가 전도한 세켈레는 콜로벵 부족의 추장이었는데, 칼라하리 사막을 건널 때 그와 함께 다녔습니다. 그런데 추장은 내가 가지고 있는 약으로 사람들의 병이 낫는 걸 보고 놀라서 내가 하나님 이야기를 할 때 흥미를 가지고 잘 들었던

모양이에요. 하루는 세켈레가 이러더군요. '선생님, 제 마음을 바꿔주세요. 지금 당장요! 제 마음은 너무 교만하고 화를 잘 내요. 제 마음을 바꾸는 약을 좀 주세요!' 그래서 나는 그리스도의 사랑 외에는 사람의 마음을 바꾸는 약은 없다고 했습니다. 결국 그는 그리스도인이 되긴 했지만 여전히 아내는 많은 겁니다."

"아내가 많아요?"

리빙스턴은 꺼져가는 불꽃을 물끄러미 바라보면서 천천히 말했습니다. "저는 복음의 진리를 확실히 믿습니다. 하지만 그런 풍습들에 대해선 뭐라고 해야 할지 잘 모르겠더군요."

스탠리는 리빙스턴이 아프리카인들을 존중

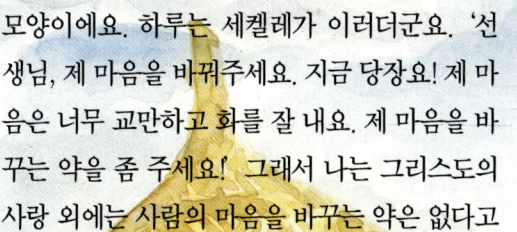

하는 자상한 태도에 감동을 받았고, 그 탐험가에 대한 호기심은 깊은 존경심으로 바뀌었습니다. 그래서 뉴욕 헤럴드 지에 쓴 기사에서 리빙스턴은 그 업적이나 성품이 모두 칭송받을 만한, 거의 성자에 가까운 영웅이라고 표현했습니다.

스탠리의 글을 읽어볼까요?

"4개월 4일 동안 리빙스턴과 같은 집, 같은 배, 같은 천막에서 보내면서 그의 결점은 하나도 찾아보지 못했습니다."

스탠리의 글은 온 세상 신문을 장식했답니다. 덕분에 탐험가를 발견한 스탠리도 유명해졌습니다.

하지만 리빙스턴은 별로 신경쓰지 않았습니다. 아프리카의 잔인한 노예 상인을 세상에 알리는 것이 중요하다고 생각했기 때문입니다. 그 일에 스탠리의 글은 도움이 되었습니다. 유럽 정부들은 노예 무역이 얼마나 끔찍한지 알게 되었고, 장기적으로 보았을 때 아프리카를 위해 좋지 않은 결과를 가져오리라는 사실을 깨닫기 시작했습니다. 평화롭게 무역을 하는 데도, 또 기독교 신앙을 전하는 데도 장벽이 될 수 있는 문제였으니까요.

리빙스턴의 가족

리빙스턴은 아프리카로 온지 4년 후 쿠루만에서 로버트 모펫 선교사의 딸, 메리와 결혼했다. 메리는 남편과 함께 7년 동안 여행을 하면서 온갖 고생을 함께 나누었고, 5명의 자녀를 낳았다. 그 가운데 한 명은 태어난 지 6주만에 세상을 떠나고 말았다.

메리의 건강이 심하게 나빠지자 리빙스턴은 아프리카를 횡단하는 긴 여행을 시작하기 전에 가족들을 고향인 영국으로 보냈다. 그리고 4년만에야 영국으로 잠시 건너가 가족들을 다시 만날 수 있었다.

1862년 메리는 잠베시 강을 탐험할 때 다시 남편과 함께 여행을 했다. 하지만 4개월 후 말라리아에 걸려 세상을 떠나게 되었고 잠베시 강가에 묻히게 되었다. 아내의 죽음은 리빙스턴에게 충격을 주었다. 그런데 큰아들 로버트가 미국 남북전쟁에 참가하기 위해 대서양을 건넜으며, "가문의 이름에 불명예를 남기고 싶지 않다"는 이유에서 가명으로 연합군에 입대했다는 소식을 듣고는 더 커다란 충격을 받았다. 결국 로버트는 1846년 사우스캐롤라이나 포로 수용소에서 죽었다.

나이가 들어서야 리빙스턴은 가족들과 보낸 시간이 너무 짧았다는 사실을 깨달았다. 하지만 그 때는 이미

1857년 잠시 영국을 방문했을 때. 왼쪽에서부터 오즈월, 리빙스턴, 토마스, 아그네스, 메리, 로버트. 한 명은 태어나자마자 죽었고, 또 한 명 애나 메리는 태어난 다음 해에 죽었다.

너무 늦은 때였다. 자녀들은 아버지에 대해 잘 알지 못했고, 각자 자기 길을 가고 있었던 것이다.

이상한 병

아프리카에서는 내란이 일어날 조짐이 보이고 있었습니다. 이웃한 부족끼리 서로의 마을을 침략하고, 원주민들을 잡아다 아랍인이나 해안 도시에서 온 아프리카인인 스와힐리인들에게 팔아넘기는 일까지 벌어졌습니다. 노예 사냥꾼들은 사업을 넓히기 위해 점점 더 아프리카 깊숙이까지 들어와 쇠고랑에 채우거나, 끝이 갈라진 나뭇가지를 어깨에 얹고 목을 쇠로 감는 장치를 이용하여 원주민들을 줄줄이 끌고 갔습니다. 그들은 잔지바라는 곳에서 배를 타로 아랍 국가로 팔려갔습니다. 영국 해군이 노예선을 잡기 위해 인도양을 지키고 있어도, 해마다 약 12,000명의 노예가 잔지바에서 팔려갔습니다.

리빙스턴은 무장한 노예 상인들을 어떻게 할 수 없었습니다. 그가 할 수 있는 일은 그저 길에서 만난 버려진 노예들을 치료하고 돌보아주는 일뿐이었습니다. 한번은 목에 나무가 매인 채 버려진 한 여인을 발견했습니다. 지쳐서 따라가지 못하는 그 여인을 뜨거운 태양볕 아래 죽도록 그냥 내버려두고 간 것이었지요. 또 노예상이 엄마를 끌고 가버려 길가에 내팽개쳐진 3살짜리 어린아이도 보았습니다.

노예 대열에서 버려진 12살짜리 소년이, "가

숨이 아파요"라는 한 마디를 마지막으로 죽는 것을 본 적도 있었습니다.

리빙스턴 박사는 이것이 어떤 약으로도 치유 될 수 없는 병이라는 것을 알고 있었습니다. 그 날 밤에 쓴 일기입니다.

"내가 이 나라에서 본 가장 이상한 병은 마음 이 찢어지는 병이다. 노예가 돼버린 자유인들이 이 병에 걸린다… 그들이 죽는 이유는 정말 마음 이 찢어져서인 것 같다."

리빙스턴은 아프리카인들의 찢어진 마음을 치유하는 것이 자신이 해야 할 가장 중요한 일이 라고 생각했습니다. 그렇게 하기 위해서는 어떻 게 하든지 노예 상인들을 막아야 했습니다. 그리 고 노예선을 찾아내는 것보다 더 큰 노력을 기울 이도록 영국 정부를 설득하는 것도 중요하지만

그 전에 아프리카인들에 대한 그들의 태도부터 바꾸어놓아야 한다고 생각했습니다.

그래서 스탠리의 도움이 필요했던 것입니다. 1872년 봄, 스탠리는 우지지 마을에서 해안까지 1,600킬로미터를 되돌아갔습니다. 리빙스턴은 우냐니엠베까지 480킬로미터를 함께 가서 스탠리에게 영국 정부와 영국에 있는 친구들에게 보내는 편지와 일기장을 건네주었습니다.

그 후 두 사람은 다시는 만나지 못했습니다. 리빙스턴은 나일 강의 근원을 찾기 위한 마지막 탐험을 준비하기 위해 우지지로 되돌아갔고, 스탠리는 영국으로 갔다가 서둘러 뉴욕으로 되돌아갔습니다. 위대한 선교사와 탐험가로 자라난 한 꼬마 소년의 일생을 세상에 널리 알려야겠다는 마음을 품고서 말입니다.

천둥 치는 물안개

잠베시 강에서 인도양을 향해 탐험을 하는 길에 리빙스턴은 세상에서 가장 커다란 폭포, 모시-오아-투니야, '천둥 치는 물안개'를 발견했다. 그리고 그 폭포에 영국 여왕의 이름을 따서 빅토리아 폭포라는 새 이름을 붙였다.

너비 1,500미터의 빅토리아 폭포는 110-150미터 아래로 낙하한다. 수량이 많은 11-12월에는 1분간 낙하하는 수량이 무려 30만 평방미터에 달한다. 물안개는 90미터 공중까지 날아가 16,000미터나 멀리 떨어진 곳에서도 보일 정도다.

잠베시 강, 작은 섬에서 리빙스턴은 저 멀리 폭포가 떨어지는 장대한 광경을 바라보며 하나님께 감사를 드렸다. 오늘날 그 폭포는 세계 7대 자연 경관 가운데 하나가 되었지만 그 때까지는 그 폭포를 본 유럽인이 아무도 없었다. 리빙스턴은, "너무나 아름다워 하늘을 나는 천사들은 분명히 보았을 장관"이라고 적었다.

리빙스턴은 그 작은 섬에 있는 나무에 1855라는 숫자를 새겨놓았다.

놀 시간은 없다

이야기는 1813년 3월 19일, 스코틀랜드의 글래스고우 근처에 있는 블랜타이어에서 리빙스턴이 태어날 때부터 시작됩니다. 10살이 되었을 때, 리빙스턴은 할아버지와 아버지가 일하셨던 블렌타이어 방직 공장에서 일하기 시작했습니다. 그가 하는 일은 기계에서 끊어진 실을 다시 이어 돌아가도록 하는 것이었는데, 매일 아침 6시에 시작해서 밤 8시가 되어야 끝났습니다. 그 당시는 어린아이들이 공장에서 일하는 것을 금지하는 법도 없었고, 근로자들을 보호하는 노동조합도 없었으며, 하루 종일 일을 시켜도 문제가 되지 않던 시절이었습니다.

공장 안은 굉장히 더워서 데이빗 형제들이 오랜 시간 졸지 않고 일하기에는 힘들었습니다. 그래서 데이빗에게는 가끔 도망가고 싶은 생각이 들었습니다. 하지만 도망갈 수 있는 유일한 길은 공부를 열심히 하는 것임을 잘 알고 있었습니다. 데이빗은 선교사가 되어 아무도 가본 적이 없는 먼 나라에 가보고 싶었습니다. 과학자도 되고 싶었구요. 아버지께서 의학 공부를 한 목사들이 병자들을 고쳐주면서 하나님의 말씀을 전하는 새로운 선교 방법이 필요하다는 이야기를 들려주신 적이 있었기 때문이었어요. 그래서 데이빗은 의료 선교사가 되기로 마음먹었습니다.

"얘, 꼬마야! 너 또 꿈꾸니?"

공장 한쪽 구석에서 상상에 잠겨 있던 데이빗은 그 소리에 놀라 뒤돌아보다 물벼락을 맞았습니다.

"하루 종일 꾸벅거리지 않으려면 이렇게 해줘야지!"

반장 아저씨가 빈정거렸습니다.

아저씨가 사라지자 데이빗은 라틴어 문법책을 꺼내 기계 위에 기대어놓았습니다. 책의 내용을 입으로 중얼거리며 읽으면서 실이 끊어진 곳이 없는지 기계를 들여다보았습니다.

매일 저녁 8시면 블렌타이어 방직 공작에서 일하던 어린이들은 두 시간씩 공부를 하기 위해 근처에 있는 학교로 모여들었습니다. 대부분은

너무 지쳐서 공부하기가 힘들었지만, 데이빗은 그렇지 않았어요. 구할 수 있는 책은 모두 구해서, 특히 과학과 자연에 관한 책들을 모두 구해 읽으며 미래를 위해 열심히 준비했습니다.

오후 10시가 되면 데이빗은 집으로 돌아가 아침 일찍 다시 일하러 나가기 전까지 겨우 5시간 동안 눈을 붙였습니다. 리빙스턴의 가족은 공장에서 제공해준 침대가 두 개 딸린 방 하나짜리 아파트에서 살았는데, 거기서 23살이 될 때까지 5남매와 부모가 함께 잠을 자며 생활했습니다.

일요일에는 아무도 일하러 가지 않았습니다. 예배를 마친 후에 데이빗은 동생과 함께 시골길

을 돌아다니며 돌멩이, 식물, 벌레 같은 것들을 모으는 것을 좋아했습니다. 하루는 사람들이 마차에 돌을 싣고 있는 채석장에 가게 되었어요.

"이것 봐, 찰스! 이 돌에 조개껍질이 있어."

데이빗은 돌을 하나 집어들고 동생에게 보여주었습니다.

"조개껍질? 바다는 여기서 80킬로미터도 더 멀리 있는데 어떻게 여기 조개껍질이 있지?"

돌을 실어나르던 사람이 대답해주었습니다.

"주님이 그 돌멩이를 만드실 때 조개껍질을 집어넣으셔서 그런 거란다!"

데이빗은 큰 소리로 웃으며 말했습니다.

"야, 찰스, 잘 알았지?"

"형, 왜 웃어? 과학 공부를 너무 많이 하더니 어떻게 된 거 아니야? 하나님이 세상을 창조하셨다는 걸 안 믿는 거야?"

　데이빗은 돌멩이를 주머니에 집어넣으며 말했습니다. "아니, 그게 아니라, 저 아저씨는 중간에 빼먹고 안 한 이야기가 있거든. 돌멩이 속에 조개껍질이 있다는 것은, 아주아주 먼 옛날에는 이 곳이 바다였다는 것을 보여주는 거야. 그런데 점점 바다가 멀어지고 모래가 딱딱해지면서 그 안에 조개껍질이 박히게 된 거지. 이런 사실을 믿는다고 해서 하나님이 세상을 창조하셨다는 것을 안 믿는 게 아니야. 하나님이 모든 것을 이치에 맞도록 질서 있게 창조하셨다는 것을 더 분명하게 인정하게 될 뿐이지!"

　데이빗은 23살이 되자 그 동안 일해서 모은 돈으로 도시에 가서 학교에 다닐 수 있게 되었습니다. 아버지는 데이빗을 데리고 12킬로미터 떨어진 글래스고우라는 도시로 가 가난한 동네에 허름한 방 하나를 얻어주었습니다.

25

드디어 선교사가 되다

4년 후 리빙스턴은 최종 의사 고시에 합격했습니다. '런던 선교회' 는 이제 그에게 설교하는 법을 가르치기로 했습니다. 드디어 어느 날 저녁 데이빗은 스탠포드 리버스 교회 강단에 서게 되었습니다. 그러나 이게 웬일입니까? 열심히 외운 설교가 생각나지 않았습니다. "성도 여러분… 제가 하려는 말이 하나도 생각나지 않습니다!" 그는 더듬거리며 겨우 그렇게 말하고는 밖으로 뛰쳐나오고 말았습니다.

선교 훈련을 끝마치기 직전 리빙스턴은 남 아프리카에서 온 훌륭한 선교사 로버트 모펫의 설교를 들었습니다. 집회가 끝난 후 리빙스턴은 모펫 선교사에게 자신이 곧 의료 선교사가 되는데 어디로 가야 할지 모르겠다고 했습니다.

"모펫 선교사님, 제가 아프리카에 가도 될까요?"

모펫 선교사의 대답은 그 후 33년 동안 리빙스턴을 인도하게 될 꿈을 심어주었습니다. "네. 아직 정하지 않았다면 아무도 가본 적이 없는 곳으로 가십시오! 아침 해가 뜰 때면 선교 센터 북쪽에 펼쳐진 광대한 초원에서는 선교사들의 발길이 한 번도 닿은 적이 없는 수천 개의 마을에서 연기가 피어오릅니다!"

1840년 11월 리빙스턴은 드디어 의사 면허증을 갖게 되었습니다. 교수들과 청진기 사용법에 대해 논쟁을 벌이다 하마터면 면허증을 못 딸 뻔했지만, 결국 의사가 된 리빙스턴은 다음 날 아침 곧바로 증기 기관차를 타고 런던으로 갔습니다. 그리고 거기서 남아프리카 케이프타운으로 가는 조지 호에 올라탔습니다.

계속 앞으로

그로부터 32년 후 우냐니엠베에서 스탠리와 헤어진 리빙스턴은 이제 자신의 여정을 끝마칠 때가 되었다는 것을 느꼈습니다. 그래서 5개월 동안 새로운 대원들을 기다리면서 주변에 있는 모든 것을 관찰하고 조사했습니다. 아프리카 어린이들이 즐겨하는 놀이부터, 부족의 풍습이나 지리적인 구조 등을 말입니다.

리빙스턴의 계획은 간단했습니다. 대원들이 나타나면 탕가니카 호수의 남쪽 끝 언저리에서 카탕가 구리 광산 지역까지 남서쪽으로 전진하는 것이었지요. 원주민들이, "거기서 8일만 더 가면 거대한 샘이 있다"고 했거든요. 리빙스턴은 루알라바 강을 따라 북쪽으로 가면 나일 강에 합류하는 지점을 찾을 수 있으리라고 기대했습니다. 그리고 나서 은퇴한 후 영국으로 돌아갈 생각이었죠.

하지만 리빙스턴은 다시는 고향으로 돌아가

신비의 강 나일

나일 강은 6,690킬로미터로 세계에서 제일 긴 강이다. 나일 강 하류 지역은 8000년 전 최초의 인류 문명이 발생한 곳이기도 하다. 하지만 수천년 동안 유럽인들은 강의 상류가 어딘지 알지 못했다.

이집트의 파라오 시대부터 탐험가들과 지리학자들은 나일 강의 근원이 어디인지 많은 추측을 했다. 하지만 아무도 확실히 알 수는 없었다. B.C. 5세기경에 살았던 그리스 역사가 헤로도투스는 아프리카 내륙에 원뿔 모양을 한 신비한 산이 두 개 있고, 그 사이에서 나일 강이 시작될 거라고 했다. A.D. 2세기경에 살았던 이집트의 지리학자 프톨레미는 나일 강이 적도 남쪽에 있는 '달의 산'이라 불리는 산악 지대에 있는 두 거대한 호수에서 시작된다고 주장했다. 18세기까지 별다른 반대 없이 이 두 가지 주장이 이어져왔다.

그런데 1770년 스코틀랜드의 탐

지 못했습니다. 오랫동안 끊임없이 병에 시달려오다 내장 출혈로 고생하던 리빙스턴의 일기에는, "장이 아파 지난 8일 동안 아무것도 먹지 못했다"라고 써 있습니다. 일기는 나날이 짧아졌습니다. 그리고 장마가 시작되었어요. 대원들은 리빙스턴을 데리고 홍수로 물이 넘치고, 파피루스와 연꽃들이 무성한 늪을 지나 비가 오지 않는 지역으로 가야 했습니다.

어느 날 탐험대는 아프게 깨물기로 유명한 무서운 사파리 개미들이 있는 산 근처에 캠프를 쳤습니다. 리빙스턴은 개미들을 자극하지 않으면 깨물지 않는다는 것을 보여주고 싶어서 개미들이 기어다니도록 발꿈치 근처에 풀어두었습니다. 그러자 금새 개미들이 온 몸을 뒤덮어버려 대원들이 달려들어 떼어내는 데 두 시간이나 걸린 일도 있었습니다.

겨울 내내 전진했지만, 하루에 고작 1마일밖에 가지 못했습니다. 이미 목적지가 정해진 행군이었지만 너무 힘들어 이렇게 일기를 쓴 날도 있

험가 제임스 브루스가 나일 강의 두 지류 가운데 북쪽 지류, 청나일을 탐험한 결과 이디오피아의 고원 지대에서 시작된다는 것을 알게 되었다. 하지만 훨씬 더 긴 백나일은 남쪽에서 시작될 거라고 생각했다.

1858년 영국의 탐험가 존 스펙이 빅토리아 호를 발견하고 거기서 백나일이 시작된다고 믿었다. 그러나 8년 후, 리빙스턴은 마지막 탐험을 시작하면서 스펙이 틀렸다는 사실을 입증하려고 했다. 나일 강이 남서쪽으로 더 가서 카탕가의 구리 광산 지역 근처에서 시작된다고 믿었기 때문이다. 그러나 리빙스턴은 도중에 세상을 떠났다.

리빙스턴이 죽고 난 후, 그의 친구 헨리 스탠리가 탕가니카 호수와 빅토리아 호수 부근을 계속 탐험했다. 그리고 그 오래된 수수께끼는 확실하게 풀렸다. 존 스펙이 옳았던 것이다. 백나일은 빅토리아 호수에서 시작된다.

빅토리아 호를 항해하는 스탠리

었습니다. "주님을 믿으며 힘을 내려고 한다. 계속 가자."

4월이 되자 더 이상 전진할 수 없을 지경에 이르렀습니다. 대원들은 들것을 만들어 신음하는 리빙스턴을 싣고 치탐보 마을까지 갔지만, 더 이상은 아무 데도 데려갈 수 없다는 것을 알았습니다. 오랫동안 리빙스턴과 함께 한 충실한 두 대원, 추마와 수시는 커다란 오두막을 짓고 그가 가장 아끼는 것들인 성경, 지리를 탐험하는 데 쓰는 기구들, 엽총, 약품 상자와 일기장들을 가져다주었습니다. 1873년 4월 27일, 데이빗 리빙스턴은 마지막 일기를 썼습니다. "끝내 멈췄다…

우리는 몰리아모 강가에 있다."

사흘 뒤, 리빙스턴은 정신없이 깊은 잠에 빠져들었습니다. 오후 11시쯤 시끄러운 소리에 깨어난 리빙스턴은 수시를 불렀습니다.

"우리 대원들이 떠드는 소린가?" 리빙스턴은 힘없이 물었습니다.

"아닙니다. 마을 사람들이 들판에서 물소 떼들을 쫓아내고 있습니다."

리빙스턴은 의식이 몽롱해졌습니다. "여기가 라우폴라 강인가?"

"아뇨. 아직 거기까지 못 갔습니다."

그러자 리빙스턴은 스와힐리어로 물었습니

다. "시쿠 느가피 쿠엔다 루아풀라?(루아풀라 강까지 가려면 며칠이나 걸리지)"

"나 잔니 지쿠 타투, 브와나!(사흘 걸립니다, 주인님)"

"아, 그래." 리빙스턴은 심한 통증에 숨을 몰아쉬며 겨우 대답했습니다.

다음 날, 1873년 5월 1일, 동이 트기 전 수시는 리빙스턴이 침대 곁에 무릎을 꿇고 엎드린 채 고개를 두 손에 파묻고 있는 것을 보았습니다. 수시는 다가가서 그의 뺨을 살짝 만져보았습니다. 이미 온기가 사라진 후였습니다.

리빙스턴 박사가 세상을 떠난 것입니다.

고향으로의 마지막 여행

추마와 수시는 세상을 떠난 대장의 시신을 안고 밖으로 나왔습니다. 치탐보 마을 사람들은 활과 창을 흔들며 박사의 죽음을 슬퍼했지요. 두 시간 동안 북 소리와 통곡 소리가 울려퍼졌습니다. 그런 다음 언젠가 박사가 사망 원인을 알아보려고 시신 여는 것을 지켜본 적이 있던 조수 파르잘라는 리빙스턴의 가슴을 열고 심장과 내장을 꺼내 상자에 담아 아프리카 므불라 나무 아래에 심었습니다.

전에 노예였다가 리빙스턴의 도움으로 해방되어 선교사 훈련을 받은 제이콥은 리빙스턴의 기도서를 들고 장례식을 치렀습니다. 위대한 아프리카 추장에게 표하는 예의를 모두 갖추고서 말입니다. 아프리카인들은 시신을 소금으로 닦고 리빙스턴이 고향으로 돌아갈 때 축배를 들기 위해 준비해둔 브랜디를 발랐습니다.

그리고 2주 동안 시신을 햇볕 아래 두어 잘 말린 후, 동물 가죽을 덮고 미용가 나무를 잘라 속을 파낸 다음 그 안에 넣었습니다. 마지막으로 베로 싸고, 타르칠을 한 후 장대를 묶었습니다. 이제 장례 행렬은 2,500킬로미터나 떨어져 있는

잔지바 해안을 향해 출발했습니다. 9달이 걸려서 그 곳에 도착하자 노예에서 해방된 700명의 아프리카인들이 맞아주었습니다. 그들은 하나님의 사랑을 보여준 선교사에게 작별 인사를 하기 위해 모여 있었습니다.

세상을 떠난 지 11개월 후, 드디어 그 유명한 탐험가의 유해는 영국에 도착했습니다. 그리고 웨스트민스터 사원에서 위인의 장례식이 치러졌습니다. 온 국민의 애도 속에서 말입니다.

아프리카로 돌아간 리빙스턴의 충실한 대원들은 또다시 슬퍼했습니다. 그의 심장이 아프리카 땅, 커다란 므불라 나무 아래 묻혀 있었기 때문이죠.

마침내 성공하다

치탐보의 어두컴컴한 새벽, 머리를 손에 파묻고 세상을 떠난 리빙스턴은 자신이 실패했다고 생각했을지도 모릅니다. 그가 알고 싶어했던 아프리가 지리에 관한 의문도 마저 다 풀지 못했을 뿐 아니라, 선교 사역도 제대로 못했으며, 아랍의 노예 무역도 그치게 하지 못했으니까요.

5년 후 이 세 가지 문제가 모두 해결된다는 것을 미리 알 수 있었다면 얼마나 좋아했을까요! 그것도 모두 그의 끈질긴 개척 정신 때문에 말입니다! 그의 친구 버니 카메론의 탐험으로 루알라바 강은 콩고 강으로 이어진다는 것이 발견되었고, 스탠리가 나일 강의 근원도 빅토리아 호수라는 것을 분명하게 밝혀주었습니다. 또 중앙 아프리카 전역에 새로운 선교회들이 세워지기 시작했으며, 1876년에는 드디어 잔지바에 있던 노예 시장이 문을 닫게 되었지요. 리빙스턴의 또 다른 친구 존 커크의 도움으로 말입니다.

리빙스턴이 기록한 글들

리빙스턴의 일기와 편지에는 아프리카의 식물, 동물, 곤충, 돌 등에 관한 자세한 기록이 담겨 있었습니다. 아프리카인들과 부족의 풍속도 적혀 있었구요. 그 때까지 '가보지 않은 땅'으로 표시되어 있던 광대한 지역은 리빙스턴의 노력으로 고원, 계곡, 호수, 산, 숲 그리고 수백 개의 강으로 가득 차게 되었습니다.

리빙스턴이 당시의 다른 탐험가들과 다른 이유는 그가 굉장히 많은 지역을 발견했다는 것뿐

리빙스턴이 탐험한 후의 아프리카

리빙스턴은 자신이 탐험하는 땅이 정치적으로 어떻게 개발되는지는 전혀 관심이 없었다. 그래서 영국 정부의 이름으로 깃발을 꽂아 영토를 주장한 적이 한 번도 없었다. 리빙스턴은 아프리카는 아프리카 사람들의 것이라고 생각했다. 그렇게 열심히 개척했지만 결국 유럽인들은 서로 다투며 아프리카를 산산조각내고 말았다.

리빙스턴이 세상을 떠난 후, 벨기에의 국왕 레오폴드 2세는 리빙스턴

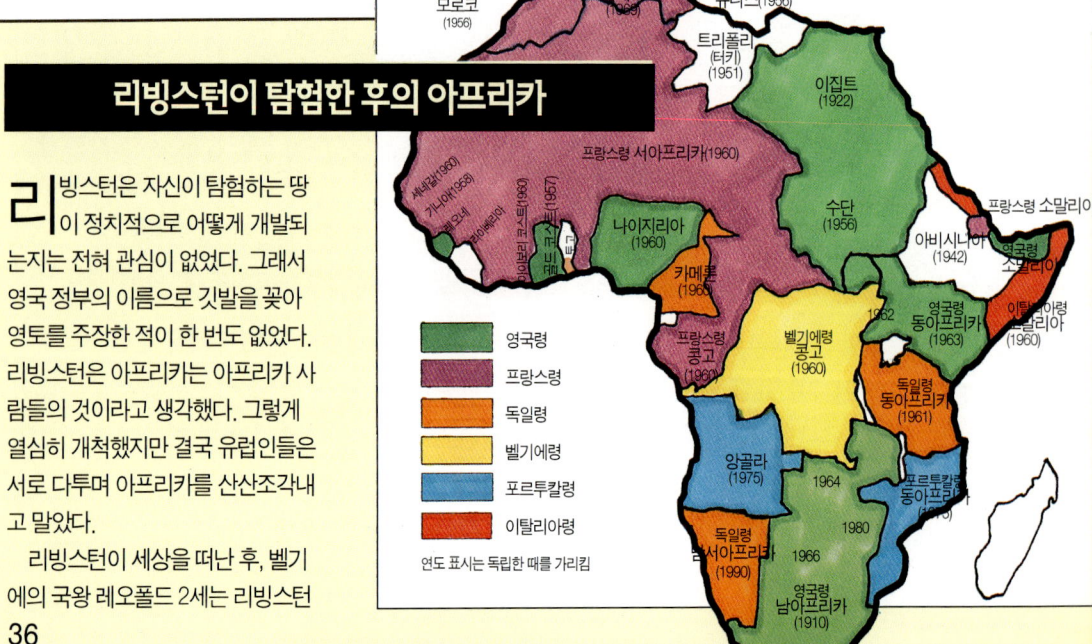

아니라, 깊은 애정을 갖고 아프리카인들을 대했으며 그들을 이해하기 위해 아프리카 언어와 풍습까지 배웠기 때문입니다. 리빙스턴이 세상을 떠날 당시, 유럽 백인들 사이에는 새로운 태도가 싹트고 있었어요. 아프리카인들을 존중하고 그들을 평등하게 대하려는 것이었지요.

리빙스턴은 아프리카를 자유의 땅으로 만들려는 꿈을 이루기 위해 커다란 대가를 치렀습니다. 백인들 사이에서 사는 것을 포기한 채, 편리하고 안정된 생활을 병들고 고생스러운 인생으로 바꾸었습니다. 하나님께 버림받았다는 느낌이 들 때가 있을 정도로 말입니다. 하지만 리빙스턴의 실패는 다른 사람들의 성공보다 훨씬 더 많은 것을 이루었습니다.

그의 장례식날 런던의 한 신문 기사에는 다음과 같은 글이 실렸습니다. "웨스트민스터 사원은 인류 역사상 위대한 업적을 이룩한 위인들에게 그 문을 열어왔다. 모두 자신의 사명에 누구보다 헌신적으로 희생한 사람, 인류의 지식과 문명을 발전시키려는 일념으로 덕을 베풀며 세상을 다스렸던 사람들이다. 하지만 그 어떤 위대한 인물도 용감하고, 온화하며, 끝까지 자신을 희생한 이 아프리카 탐험가보다 더 가치 있는 일을 했다고 할 수는 없다!"

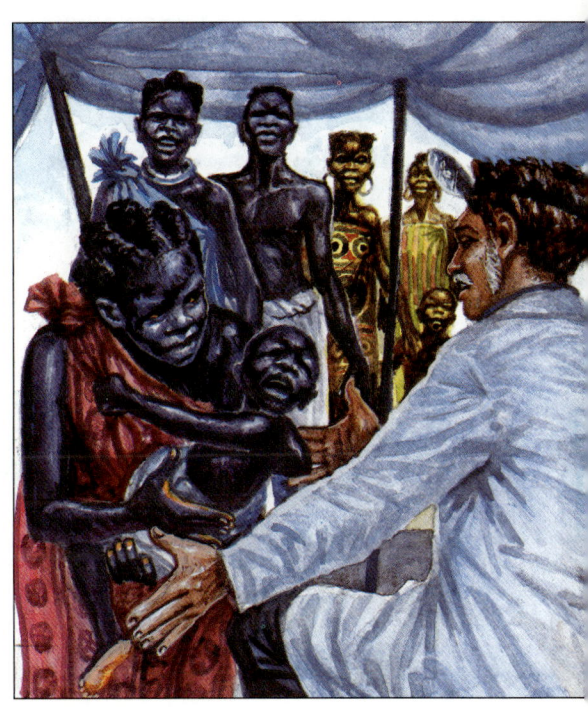

의 친구인 헨리 모턴 스탠리를 고용하여 콩고 지역이 개발 가능한지 알아보게 했다. 왕은 식민지를 건설할 땅을 찾고 있었고, 스탠리는 탐험을 하는 데 드는 비용을 투자할 사람을 찾고 있었기 때문에 국왕의 제안을 받아들였던 것이다.

스탠리가 탕가니카 호수와 대서양 사이의 광활한 늪지대를 탐험하는 동안 레오폴드 국왕은 과학자와 지리학자들로 구성된 국제 아프리카 협회를 창설하였다. 실제로는 아프리카에 대한 왕의 경제적인 관심과 정치적인 관심을 위장한 단체였다.

그리고 결국 콩고 지역을 확보하는 데 성공했다.

1885년 유럽의 14개 열강이 모인 베를린 회의에서 아프리카는 유럽의 식민지로 조각조각 잘렸다. 프랑스는 북서부 지방을, 벨기에는 서쪽을, 영국과 독일은 동쪽을 나눠 가졌다. 1차 세계대전 후 독일은 다른 나라들에게 영토를 넘겨주고 말았다.

이렇게 '분할' 된 것은 수세기 동안 그 땅을 지배해온 아프리카 추장들의 소망과는 아무 상관없이 그럴싸한 설득으로 영토를 빼앗는 사업을 벌인 결과였다.

식민지 사업을 통해 문명이 들어오고 경제 개발, 의술, 무역, 철도, 선교, 교육, 노예 제도의 폐지 등의 약속이 주어지게 되었다. 단 몇 년 사이에 아프리카는 석기 시대에서 산업 시대로 옮겨간 것이다. 아프리카인들에게는 좋아진 것인지 나빠진 것인지 말하기 어렵지만 말이다. 오늘날, 아프리카 국가들은 유럽의 식민지에서 독립하면서, 정체성과 민주주의를 얻기 위해 여전히 투쟁하고 있다.

"저는 아프리카로 돌아가 무역과 기독교가
들어올 길을 열기 위해 노력할 것입니다.
제가 시작한 일을 끝마쳐보지 않으시겠습니까?
여러분께 맡기겠습니다!"

(1857년 리빙스턴이 캠브리지 대학에서 한 연설 가운데서)